Los 9 hábitos de la gente feliz:
Potentes hábitos que transformarán tu vida

RUBÉN MONREAL

LOS 9 HÁBITOS DE LA GENTE FELIZ

POTENTES HÁBITOS QUE TRANSFORMARÁN TU VIDA

A todos los que me enseñaron algo.

«No juzgues cada día por lo que cosechas, sino por lo que plantas.»

Robert Louis Stevenson

POR QUÉ DEBES LEER ESTE LIBRO Y QUÉ VA A SUPONERTE.

«Somos lo que hacemos, no lo que pensamos, ni lo que sentimos.»

ANÓNIMO

Acción. De eso va este libro. De tomar acción en tu propia vida instaurando nueve hábitos a la velocidad que quieras. Sin prisa. Sin pausa. Si no estás dispuesta o dispuesto a actuar en consonancia con los hábitos que aquí propongo es posible que no estés preparado o preparada para cambiar tu vida.

¿Por qué acción? Porque la acción lleva a la motivación. Si estás buscando una obra de autoayuda que te diga lo que tienes que hacer en la vida para ser feliz cierra este libro. En cambio, si quieres saber qué hacen las personas que realmente son felices siguiendo ciertos hábitos quédate. Pero no esperes una guía de secretos que te van a solucionar la vida, no existen secretos, lo siento. Vas a tener que moverte, y seguramente hacer cosas que te desagradan. Al menos al principio.

Esto es un libro para personas que estén dispuestas a tomar acción en sus vidas. No es un libro para leerlo y flotar en el mundo de los pensamientos felices. Es un libro para tomar acción en tu vida. La pregunta es: ¿Estás lista o listo para actuar en favor tuya? ¿Estás preparado o preparada para tomar las riendas de tu vida? ¿O por el contrario prefieres seguir leyendo falsos libros de autoayuda que te prometen el cielo sin moverte del sofá y vivir una vida mediocre? La decisión es tuya.

Qué puede suponerte esta obra dependerá sobre todo de ti mismo. Si tienes miedo a salir de tu zona de confort y no lo intentas, este libro no te va a proporcionar nada. La lectura por sí misma de este libro, y de muchos otros, no te proporcionará nada si no lo pones en práctica. La forma correcta de aprovechar las enseñanzas que vas a descubrir es tomar nota y aplicarlas, una a una, poco a poco, en la medida que te sea posible.

Si a medida que vas leyendo los capítulos vas probando en tu entorno social, laboral o familiar algunas cosas que creas que pueden servirte, puedes estar segura o seguro de que va a suponerte un cambio. Al principio serán cambios poco visibles, lo importante no es lo que consigues en el acto, si no lo que siembras para conseguir después. Si mantienes constancia en los hábitos, el cambio será brutal. Tu vida se transformará hacia lo que siempre debería haber sido.

Seguramente comenzarás a ver la realidad tal y como es. Y tener la capacidad de ver la realidad tal y como es, es una capacidad que muchos hemos perdido o deteriorado a lo largo de los años debido a experiencias traumáticas.

Si de verdad te comprometes a aplicar los principios de este libro en la cantidad que creas conveniente puedo asegurarte que no tendrás que volver a leer ningún libro de autoayuda jamás.

Lo único que tendrás que leer es a ti mismo, observando desde los más profundo lo que deseas. Escuchando a tu cuerpo, actuando sólo desde lo que tú quieres hacer. Sin espejos externos donde mirarse, es nuestra naturaleza.

En palabras Jon Kabat Zinn, fundador de la técnica de atención plena Mindfulness: *«Quien quiera que imite a otro, sea este quien sea, camina en dirección contraria.»*

No vivas atrapado en el dogma. Vive tu vida, es la única forma de ser feliz.

ÍNDICE DE CONTENIDOS

¿QUÉ ES LA FELICIDAD Y POR QUÉ LA DESEAMOS?

«La puerta de la felicidad se abre hacia dentro,

hay que retirarse un poco para abrirla:

si uno la empuja, la cierra cada vez más.»

SöREN AABYE KIERKEGAARD

Si queremos ser felices, y estamos aquí para buscar la felicidad, lo primero es ponernos de acuerdo en qué es la felicidad, para saber qué es lo que estamos buscando. Y no es algo sencillo, hay muchas formas de definir la felicidad, unas más objetivas y otras más subjetivas.

Según el diccionario, la felicidad es un estado de ánimo donde una persona se siente plenamente satisfecha por disfrutar de lo que desea o de algo bueno.

Desde un punto de vista más psicológico, la felicidad es un estado emocional positivo que las personas alcanzamos cuando hemos satisfecho nuestros deseos y objetivos vitales. Por lo que, la felicidad procede en gran parte de la capacidad que tenemos de lograr lo que queremos en nuestras vidas. También de cómo somos capaces de resolver los problemas que nos sobrevienen día tras día. Autorealizarse, de eso se trata.

Profundizando un poco más, desde un punto de vista más objetivo y científico, la neuropsicología nos dice que la felicidad surge al producirse una actividad neuronal en ciertas estructuras cerebrales como el tálamo, el hipotálamo, el hipocampo, la amígdala, el cuerpo calloso, el septum y el mesencéfalo. Este último se encarga de dar respuesta a estímulos emocionales. ¿Cómo producir esa actividad? Ahí el quid de la cuestión.

¿Podríamos hacerlo de forma artificial y ser felices siempre? La respuesta es sí, se sabe que una hormona como la dopamina está muy involucrada en la mayor parte de los procesos que nos generan placer. Los antidepresivos actúan en estas zonas para estimular nuestros niveles de dopamina. Pero estimular esta zona artificialmente puede dejarnos consecuencias destructivas a largo plazo en nuestro cerebro y acabar con nosotros. Tomar antidepresivos a diarios desde luego no es la solución.

Más subjetivamente, desde la filosofía, según estoicos como Séneca, la felicidad se alcanza dominando las pasiones y placeres de la vida. Trabajando en la búsqueda de la virtud. Centrándose en una verdadera pasión. Esa es la fuente real de felicidad para Séneca. Que los placeres y el ocio no se superpongan al trabajo que hacemos cada día para ser lo mejor posible en nuestra pasión. Es una idea aceptable e interesante, ya que Séneca busca la felicidad en sí mismo y no en el exterior, pero huir del ocio y los placeres es algo complicado y que no hará feliz a la gran mayoría de la gente.

Estudiando hábitos de la gente feliz, se puede llegar a la conclusión de que una gran alternativa es usar el ocio y los placeres como premio cuando haces lo que deberías haber hecho ese día para ser lo que quieres llegar a ser. El ocio como premio después del trabajo, no como algo a evitar.

Porque como diría Epicuro, la felicidad se logra al satisfacer nuestros deseos y placeres. Y probablemente tenga razón en cierto modo. El problema de este tipo de felicidad es que es momentánea y se centra en algo externo a ti. No fundamenta la felicidad en nosotros mismos, sino en premios externos. Y puede hacernos más felices un corto periodo de tiempo, pero luego se olvida. Y esto es un problema a la hora de tener una mente equilibrada y preparada para los constantes golpes que la vida nos presenta. En la vida constantemente recibirás buenas y malas noticias, y tu felicidad no puede depender de ellas, porque entonces tu vida será una montaña rusa emocional.

¿Qué es la felicidad entonces? Posiblemente la mejor definición de felicidad sea la siguiente: La felicidad es un estado de ánimo donde una persona se siente plenamente satisfecha por disfrutar de lo que depende de ella, sin buscar premios externos y siendo plenamente consciente del entorno en el que vive y los problemas de su alrededor.

¿Y por qué deseas la felicidad? Está en nuestros genes, es algo natural, todo el mundo desea ser feliz, no eres único en ello, pero sí es única tu manera de lograrlo.

Sólo hay unas pautas en común para alcanzar la felicidad, unas pautas que en mayor o menor medida seguidas a diario te llevarán a ser feliz, porque se han repetido a lo largo de la historia en todas las personas que han llevado una vida feliz. Y ahora, las vas a descubrir, y espero que también a aplicar.

LOS NUEVE HÁBITOS DE LA GENTE FELIZ

"Ser estúpido, egoísta y estar bien de salud, he aquí las tres condiciones que se requieren para ser feliz.
Pero si os falta la primera, estáis perdidos."

GUSTAVE FLAUBERT

¿Qué me hizo llegar aquí? ¿Qué me hizo investigar en la búsqueda de los hábitos de las personas felices? Por ciertos motivos personales, me vi arrojado a la lectura de decenas de libros de autoayuda durante los últimos diez años de mi vida. Pensé que en ellos encontraría la solución a todos mis graves problemas.

Llegué a tener épocas en las que me entregaba totalmente a lo que un libro decía. Yo hacía todos sus ejercicios y practicaba todos sus consejos. He tenido la suerte o la desgracia de caer en manos de estúpidos autores que sólo buscan que compres su siguiente libro y no hacen más que hablar de lo mismo todo el rato. Sinceramente, no quiero que te pase. Y si ya te ha pasado, o te está pasando ahora mismo, lo siento de verdad. Estos súper libros hablan constantemente de cosas que no llevan a ningún sitio, pero con distintas palabras. No existen secretos, ni personas amarillas o dioses del ahora.

He leído que, si deseas las cosas con fuerza, llegarán a tu vida gracias a la ley de la atracción. También que la felicidad está en lo que los demás piensen de ti, por lo que esforzarte en gustar a la gente que te rodea te hará más feliz. He leído que, si quieres ser más rico, sólo tienes que repetírtelo frente al espejo cada día. He leído que, si suceden cosas en tu vida que son externas y no dependen de ti, debes intentar mejorarlas o cambiarlas para poder ser así más feliz. Esforzarte por cambiar la realidad que vives. Y con esas cosas serías feliz. ¿Te suenan de algo?

¿Pero funcionan? ¡Pues va a ser que no! No creas una palabra de todas esas obras. Tengo formación en psicología desde hace ya casi cinco años, y me da rabia cómo engañan a la gente esos autores, cómo dicen lo que la gente quiere oír y les prometen que su vida mejorará, cuando lo único que mejorará es la cuenta bancaria de esos autores.

Una de las grandes mentiras de este siglo son la mayoría de best-sellers de autoayuda. Que no buscan ayudar. Buscan contarte lo que quieres oír, y consiguen hundirte más, para que compres su siguiente libro. Te dan consejos racionales como que cambies tu imagen, o que busques a tu actor favorito para que lo imites y así te parezcas más a él. Así obtendrás resultados y el favor de las personas. Pero es una gran estupidez jugar a ser otro. Tú eres tú. Y ojo, que eso no quiere decir que no puedas cambiar, debes cambiar, pero no imitando a otro, sino mejorando sobre lo que eres.

Con este libro pretendo mostrarte mi particular creencia tras vivirla en mis propias carnes de lo que de verdad te puede acercar a ser una persona plenamente feliz y con un bienestar subjetivo más que aceptable. Si tu situación es más extrema y llevas mucho tiempo deprimido, triste, apático o rabioso te recomiendo personalmente que visites a un especialista. Cree lo que quieras. Piensa que el psicólogo es para locos. Muy bien, enhorabuena. Cierra este libro y asume las consecuencias de resistirte a cambiar ciertas creencias estúpidas que aún mantienes. Conozco a personas que se están destrozando actualmente la vida por no querer ver la realidad tal y como es. Vida sólo hay una. Asume las consecuencias.

Una cosa más, es importante que tomes acción a medida que avances en la lectura. No vale de nada que lo leas. Que lo vuelvas a leer. Que lo resumas. Y que lo vuelvas a resumir. No hagas el tonto. No pierdas el tiempo. Actúa a medida que vas leyendo. Léelo una sola vez. Sigue actuando y si quieres una vez al mes, puedes releerlo. Por si tienes lagunas. Este libro es un libro práctico. Y si no prácticas, no te va a servir de nada. Comenzamos.

HÁBITO 1: SE SOCIALIZAN SIN BUSCAR APROBACIÓN.

«No conozco el secreto del éxito.

Pero el secreto del fracaso es tratar de complacer a todo el mundo.»

BILL COSBY

Buscar aprobación es algo normal para caer bien a la gente. Eso nos han dicho. Y si no nos lo han dicho, implícitamente nos lo han vendido. Desde pequeños, muchos de los patrones de conducta que hemos adquirido son equivocados si buscamos la felicidad.

Que relacionarse con otras personas es importante para nuestro bienestar subjetivo y social es algo que a estas alturas todo el mundo sabe. De hecho, **Baumeister** considera la interacción social como «una necesidad humana básica imprescindible para alcanzar el bienestar subjetivo.»

Cuando somos niños hacemos cosas, investigamos, y si algo no entra dentro de lo que nuestros padres esperan de nosotros, como mínimo nos reprimen. Por norma general ponen malas caras o nos retiran de la situación. Muchas veces nos castigan. Psicológicamente esto nos enseña a comportarnos como los demás quieren en muchas situaciones a medida que crecemos.

Somos muchos los que hemos crecido moldeando nuestras conductas desde pequeños para conseguir lo que queríamos. A cualquier precio. El problema es que para ser feliz hay que ser íntegro. No puedes ser íntegro si te amoldas a lo que todo el mundo pide o demanda de ti. Sea tu jefe, tu novia o novio, tu mejor amigo, tu abuela o tu perro.

Según **Wayne Dyer** en su obra más que recomendable *Tus zonas Erróneas* hay ciertas actitudes que cometemos y que asumimos cuando llevamos a cabo esta conducta de búsqueda de aprobación, entre ellas expongo aquí la que a mi juicio es la más directa y clara.

Cuando atribuyes a los demás la responsabilidad de cómo te sientes. Es decir, si alguien no te soporta, y tú te sientes mal por ello, le estás dando poder sobre ti. Estás dando poder a algo externo y que no depende de lo que haces o dejas de hacer sobre tu vida. Si alguien te odia por ser cómo eres simplemente aléjate de él, no puedes gustar a todo el mundo. Para otras personas serás encantadora o simpático. Lo que los demás piensen de ti no puede monopolizar tu vida, sea bueno o malo.

El problema de atribuir la responsabilidad de cómo te sientes a factores externos y no internos es que los demás decidirán cómo te vas a sentir, y no tú. Atribuir tus sentimientos a las personas que te rodean, a los perros y a las palomas del norte de África es tan estúpido que va a hacer que te quedes sentado en casa complaciendo todo lo que se te presente ante las narices, sobre todo complaciendo cosas que odias. Tú mismo.

Además, esta actitud va a hacer que te aferres más aún al comportamiento de búsqueda de aprobación, propiciando una pobre y falsa imagen de ti. Lo digo otra vez. Cultivas una imagen falsa de ti cuando te comportas así. ¿Quieres seguir siendo una persona falsa toda la vida? ¿Quieres seguir haciendo cosas que detestas para no caer mal a la gente o para agradar a esa chica que te gusta tanto? Dentro de cien años, a no ser que encuentren la cura del envejecimiento, muy posiblemente estarás muerto. ¿Cuándo vas a comenzar a vivir tú vida?

Lo que logras con esta actitud es que fomentas en ti debilidad y excesiva autocompasión. Logras atención porque falseas tu imagen. El objetivo de este libro es que logres atención por ser quien eres en la vida sin máscaras. La verdadera aprobación la logras por ser como eres y por vivir acorde a las cosas que te gustan o a lo que te gustaría ser.

Por otro lado, para que aprendas a detectar cuando te estás comportando de esta manera, voy a pasar a enumerar algunos ejemplos de búsqueda de aprobación excesiva:

— Miedo a decir NO. Miedo a decir cosas como: "No me apetece", "paso de ir", "no quiero ir, quiero limpiar la jaula de mis pájaros" ... etc.
— Ser demasiado correcta o correcto socialmente. No hacer cosas fuera de lo normal por miedo al qué

dirán. Tener miedo a decir estupideces en público, como si a alguien le fuera a molestar.

— Darle muchas vueltas a alguna conversación del pasado.

— Pedir permiso para cualquier cosa. Para hablar o para coger el coche prestado. Si quieres hacer algo, siempre es más fácil pedir perdón que pedir permiso, con moderación obviamente.

— Preocuparse demasiado por la imagen de uno mismo.

— Comprar algo que no te gusta porque el vendedor insiste.

— Cambiar nuestra postura en una conversación para que la otra persona no se enfade con nosotros.

— Pensar en exceso qué publicar en una red social, o en qué darle a Like.

— Pedir perdón sin haber actuado. Pedir perdón al hablarle a una chica que acabes de conocer.

Como podrás comprobar, he puesto algún ejemplo ridículo. Lo hago porque quiero que te quede claro que esta actitud de buscar aprobación es infantil y ridícula.

Steve Jobs, en su famoso discurso en Stanford dijo «No vivas atrapado en el dogma... no permitas que el ruido de las opiniones de los demás ahoguen tu voz interior.» Y tenía razón, mucha razón.

Dicho esto, voy a enseñarte a desintoxicarte de esta actitud. Sólo un apunte. Va a ser duro. Llevas toda la vida complaciendo a profesores, familiares, jefes, entrenadores, chicas, chicos y no lo vas a conseguir por arte de magia en una semana. Lo que sí puedo asegurarte es que con pequeñas pautas diarias vas a notar cambios en los demás. Vas a notar que alguna persona se va a enfadar contigo.

¿Por qué? porque vas a empezar a ser tú. Esto puede molestar a todas esas personas que están acostumbradas a que te comportes como ellas quieren, y dicen quererte tanto precisamente por eso mismo. Pero... ¿Qué pasará si empiezas a respetarte y a guiarte por lo que tú quieres hacer de verdad?

¿Preparada? ¿Listo?

Para eliminar esta necesidad vas a necesitar cambiar ciertos pensamientos y creencias sobre ciertas cosas de tu vida. Estas cosas sobre las que tienes que reflexionar son las siguientes:

— No gustas, ni gustaste, ni gustarás a muchas personas. No llegarás a gustar a todo el mundo y durante lo que llevas de vida me apuesto lo que sea a que hay al menos una persona a la que no caes bien. Siempre habrá personas que te critiquen por la razón que sea y esto es algo normal. La mayoría de personas hablan mal de otras personas y debes asumirlo. Sale más rentable confiar en ti, que intentar arreglar tu imagen delante de los demás haciendo cosas que no te representan. Basar tu felicidad en lo que opinan los demás de ti es estúpido. Sólo tú te conoces. Sólo tú puedes juzgarte.

— Decide cosas en función de ti. Exclusivamente en función de tus intereses. Es decir, cuando vayas a salir con los amigos, piensa si lo haces por ellos o si lo haces por ti. Si vas a visitar a parte de la familia que te resulta insoportable piensa si lo haces por ti o por lo que puedan decir de ti. Y no. No tengas miedo. Esta serie de decisiones poco a poco te van trazando el camino. El camino de lo que quieres en la vida. Instaura el hábito de preguntarte si las cosas las haces para complacer a otros o si lo haces porque de verdad te apetece. Pregúntate qué es lo que deseas tu sin tener en cuenta la posible opinión social.

— No busques aprobación. No caigas tan bajo. Verás que puede pasar si haces esto. Si empiezas a actuar como si te diese igual la opinión de la gente, verás cómo empiezan a crecer los admiradores. Y esto no es casualidad. A la gente le gusta la gente verdadera. Lo auténtico. No te pido que seas tú mismo si tienes el mal hábito de ser una persona muy seria. Te pido que mejores esa faceta introduciendo algo de humor en tus conversaciones, pero sin esperar nada de la otra persona. Tú mejoras una habilidad, pero no te basas en lo que te dicen sino en lo que generas. Verás que mejorarte a ti mismo es divertido si te da igual lo que la gente piense de ti

— Todos somos iguales. Quita esos posters de futbolistas, de modelos, de actrices. Tu no vas a ser como ellos en la vida. Tú tienes tus experiencias, y aquellas superestrellas tienen las suyas. Quizás las tuyas más enriquecedoras. Quizás no les des la importancia que merecen. Da igual lo mucho o poco que tengamos, todos ante la muerte somos iguales. Todos desnudos tenemos lo mismo entre las piernas. Todos tenemos dos ojos. Deja de venerar a personas de carne y hueso como tú. Pierdes el tiempo.

— Sólo nosotros tenemos la verdad. Ni el filósofo más reputado de la historia, ni el químico más importante del siglo XXI. No. Sólo tú tienes la verdad absoluta de las cosas porque sólo tú puedes sentirlas y vivirlas como lo haces. Por mucho que leas libros de como ligar de manera perfecta, o de cómo ser una persona con muchos amigos… esto no va a ayudarte. A no ser que esos libros te motiven para comprobar las cosas por tu cuenta y hacer ajustes o cambios cuando veas que algo no funciona.

¿Por qué? Porque muchos de esos libros hablan de pautas sobre cómo ese autor de ese libro en concreto utiliza para ligar o para ser más sociable. Muy posiblemente te dé pautas acordes a su personalidad y forma de ser. Pero eso no significa que tu debas imitarlo. Porque tú no eres él. Tú tienes tu propia verdad. Tus propias experiencias.

Y si para el supuesto autor es importante hablar alto para ser sociable y sonreír, quizás para ti, por tu forma de ser, no necesites sonreír y chillar para caer bien.

Quiero que entiendas que por muchos libros que leas, si no actúas y compruebas por ti mismo qué resultados obtienes, nunca vas a mejorar. Y la única verdad, es la que logras actuando y comprobando las cosas por ti mismo.

Un último apunte. Generalmente cuando nos critican, no nos critican realmente a nosotros porque no nos conocen. Que te desaprueben por cualquier cosa, no significa un rechazo absoluto a tu persona. Cuando nos rechazan, no nos rechazan a nosotros. Rechazan nuestra forma de ver las cosas. Si eres una chica y te gusta un chico que pasa de ti no significa que te rechace como persona. Rechaza la forma que estás usando para dirigirte a él. Quizás le parezca mal que tomes ciertas actitudes directas, o, al contrario. Pero no te rechaza. Rechaza tu manera de dirigirte hacia él. Por lo que no te preocupes porque las habilidades se pueden mejorar.

Cuando nos critican, realmente están criticando cosas externas a nosotros. Critican que hayamos dicho tal cosa (que haya sentado mal a alguien), que tengamos el pelo de color plata, que tengamos las uñas del pie negras, que seamos bordes, fríos, estúpidos… Todas las cosas por las que nos critican no nos representan. No nos representan porque son ideas de personas externas a nosotros. Y no debe de afectarnos ni un poco si estamos a gusto siendo así. Y si me preguntas qué pasa si lleva a cabo una mala acción como robar, entonces te digo que eres tonto o tonta y que tengas buena suerte en la cárcel. Pero que puedes hacerlo si crees que es justo y necesario para ti. Es una broma. Pero lo de que tú eres el eje de tu vida, no es ninguna broma.

Acepta que somos diferentes a los demás por mucho que quieras parecerte a Cristiano Ronaldo, a Stephen Curry o a Emma Watson. Ser diferente a los demás no implica ser peor o mejor. Eso son ideas dañinas e irracionales. Ser diferente te brinda la oportunidad de aprender otras cosas. Cuanto antes entiendas que hay diferencias entre las personas, y que siempre las habrá, antes vivirás plenamente.

Tras nombrar las creencias más importantes que hay que tener claras para dejar de buscar la aprobación de los demás, paso a describir cómo puedes dejar de buscarla. Puede resultar absurda o falsa. Pero ni mucho menos:

— Actúa como si lo fueras hasta que lo seas. Es decir, si buscas la aprobación de los demás, o que alguien te preste más atención. Actúa distinto a como sueles actuar. Actúa como si no la buscaras. Sólo eso. Prueba dos días seguidos. Si notas cosas, prueba cinco. Si sigues notando cosas diferentes a las que notabas cuando te comportaste como una estúpida o un estúpido prueba 10 días seguidos. Actuar como si no te importase que esa persona pase de ti es mejor que actuar como si esa persona fuese lo único que tienes   en   la   vida.

El secreto de esta técnica es que no hay ningún secreto. Eres simplemente tú. Haciendo lo mismo que siempre, pero de una manera diferente. Es decir. Eres tú hablando con otra persona, pero sin buscar su aprobación. Eres tú haciendo un chiste sin esperar hacer reír al otro. Pruébalo. Y por favor, no busques en internet pautas de cómo hablar con alguien como si no te importase lo que piensen de ti. Simplemente hazlo. Sabes hablar. Aprendiste con tres años. Y si sigues con dudas, espera un poco más adelante. Al capítulo haz como si lo fueras hasta que lo seas.

— Para terminar, mira a los ojos cuando hables. Mira a los ojos cuando escuches. Esto es un pequeño detalle. Quizás el más importante. Mira a los ojos de la gente cuando te dirijas a ella, no dejes de hacerlo. Si quieres resultar creíble y verdadero sólo existe esta manera. No vas a lograr profundizar en tus relaciones si no usas la mirada como elemento para generar confianza.

Dicho esto, espero que no confundas aprobación social con interacción social, es imprescindible que te relaciones con otras personas, con tus amigos y tu familia, pero sin buscar expresamente su aprobación. Según un estudio de la Universidad de Morón, en Argentina, donde se estudiaba que terapia era más efectiva en depresión. Se sugiere que para el tratamiento de la depresión la interacción social primordial:

Así que ya sabes, relaciónate, pero sin buscar aprobación.

HÁBITO 2: TIENEN UN FUERTE LOCUS DE CONTROL INTERNO. SE AMAN.

«Los años arrugan la piel, pero renunciar al entusiasmo arruga el alma.»

ALBERT SCHWEITZER

Ya sabes que uno de los nueve hábitos de la gente feliz es no buscar la aprobación de los demás. Ahora vamos a desenmascarar otro.

Se quieren. Se aman por encima de cualquier cosa. Y puede sonar egoísta pero no amarse está detrás de muchos problemas mentales y físicos de hoy en día. No amarte puede llevarte a la muerte. Prematura o lenta, pero puede hacerte morir. Puede nublar tu visión de las cosas, puede hacer que caigas en adicciones como las drogas, el alcohol

34

y la comida. Sí, la comida. Has leído bien. Somos muchas las personas que hemos vaciado nuestra ansiedad con comida basura. Yo el primero.

Quiérete. Ámate con todas tus fuerzas. No hablo de decirte que te quieres al espejo todas las mañanas. Aunque si lo ves necesario hazlo. Quererte significa sentarte de manera que tu cuerpo no sufra dolores de espalda, comer de manera saludable, hacer ejercicio y gustarte en el espejo. Quererte significa potenciarse en todos los sentidos. Por ejemplo, cuando te emborrachas, cuando comes sin fin, cuando te drogas. ¿Te quieres?

Hay ciertos hábitos que todos hemos llevado a cabo alguna vez o que incluso veces sin darnos cuenta desarrollamos. Estos que voy a nombrar son grandes destructores de nuestro amor propio:

— Creer lo que otros dicen de ti. Da igual que sea un superior a tu cargo actual, que sea un dios del inframundo, que sea un unicornio o un perro morado con bigotes de gato. No te lo creas. Normalmente lo que la gente puede decir de ti es algo externo. Es más realmente lo que vale es lo que tú te dices. Y cómo ves y vives las cosas. Da lo mismo lo que la gente piense o diga.

— Creerte la víctima o hacértela. Al igual que insultarte, quejarte por las circunstancias o por algo que te ha pasado es otra pérdida de tiempo. Además de restártelo para mejorar la situación claro. Tenemos recursos suficientes para afrontar situaciones complicadas. Confía en ti. Afronta las situaciones porque no son para tanto.

— Insultarte. Cuando te descalificas pierdes el tiempo. Te centras en lo negativo, en lo jodido de la situación, en lo estúpido que has sido. Pero esto es perder el tiempo. Cuando falles, dedica el tiempo a preguntarte cómo puedes fallar mejor.

— Creer que puedes hacer de todo y a todas horas. Esto nos desgasta. Creemos que podremos llegar a esa sesión de Pilates justo cuando acabes de cerrar ese último contrato y justo antes de sacar al perro 3 minutos con 16 segundos. Pues no. Stop. Necesitas periodos de descansos para ser tú mismo. Si no te das descansos te conviertes en un ser estúpido y egoísta. Yo podría ser un gran ejemplo de ello. Sé de lo que hablo. La energía es cíclica, viene y va. Si pasamos el día inmerso en actividades exigentes perdemos fuerzas. Y no por cambiar de tarea la energía va a volver. Lo único que pasa es que acabas haciendo actividades con el piloto automático. Relacionándote con otras personas con el piloto automático y luego acabas al final del día preguntándote por qué la gente te mira raro. ¿No será que estás colapsado?

No amarte implica estar estresado la mayoría de las veces. Conviertes tu vida en una lista de objetivos por cumplir. ¿Te suena esto? Tengo que ahorrar para comprarme ese coche, tengo que formarme en psicología antes de los 23 años, tengo que encontrar un trabajo para pagarme ese máster. Y cuando ya consigues esas cosas, la cosa sigue: tengo que comprarme una casa, tengo que encontrar un trabajo en EEUU, tengo que encontrar novio porque moriré sola... y esto no para.

Puedes creer que todo este listado de objetivos vitales es normal y que todo el mundo los tiene. La respuesta es sí. Todos los tenemos. Lo que no tenemos es consciencia de que el tiempo pasa y con él nuestras vidas. Estás pasando de largo por muchas cosas en esta única vida que tienes por la simple tontería de lograr todos tus objetivos a tiempo. Yo te pregunto. ¿qué pasa si alguna de todas esas cosas o si ninguna de todas esas cosas pasase? ¿Y si te digo que lo único que puedes hacer para ser feliz es hacer cosas que dependan exclusivamente de ti?

Es decir, una persona realmente feliz, hace cosas que internamente la hacen sentirse mejor. Si tienes un trabajo, que te reporta dinero, y cada día que pasa, te sientes peor, algo pasa. No te sugiero que dejes el trabajo. Te sugiero que hagas de tu situación un reto para cultivar tu locus de control interno.

A lo que voy es a que te compres un coche nuevo, que tengas que conseguir una novia increíble o que quieras comprar la casa de tus sueños son cosas que no dependen exclusivamente de ti. Y eso es un problema grave. ¿Por qué? porque a medida que por lo que sea te alejes de esos objetivos, por cosas que no dependen sólo de ti, te sentirás peor y tratarás de arreglarlo. Y por experiencia propia nuestra manera de arreglar las cosas en estas situaciones es parecida a la de un suicida.

¿Qué es el locus de control interno? Es la percepción de que los eventos que nos ocurren en la vida son consecuencia de nuestras propias acciones. La percepción de que somos nosotros y no los factores externos los que controlamos nuestros sentimientos y nuestras emociones. Las personas que mantienen un alto locus de control interno se esfuerzan en todo lo que hacen.

En cambio, por lo general la mayoría de las personas somos externas. Es decir, responsabilizamos de nuestro estado emocional presente a algo que no está dentro de nosotros. Por ejemplo: «Las cosas con mi chico no funcionan», «Ella me rehúye y me pone excusas para no quedar», "he tenido mala suerte en la vida" ... todas estas frases tan familiares obedecen a una baja autoestima. El locus de control externo es perfecto para personas con baja autoestima ya que no se responsabilizan de sus actos en la vida.

De hecho, en un estudio llevado a cabo por la Universidad de la Rioja, en España, en futbolistas profesionales y semiprofesionales para buscar relaciones entre el locus de control y la propensión a lesionarse, se encontró que los jugadores que tenían un locus de control externo y atribuían sus circunstancias a factores externos como la mala suerte, se lesionaban más que los que tenían locus de control interno. *http://dialnet.unirioja.es/servlet/articulo?codigo=363745 9*

Pero también existe el polo opuesto. Puedes sentirte feliz, y puedes decir algo como: «Mi pareja me trata genial.» «Aquel viaje me cambió la vida.» Mentira. La vida la cambiaste tú con tus acciones. Y si tu pareja te trata genial es muy posible que sea porque tu también haces lo propio con ella.

Volviendo al locus de control interno, hay que saber que se trata de personas extrañas. Suelen caer mal a veces por no ser como los demás. Son las típicas que suelen decir no a una cena de trabajo, pero se apuntan a cualquier cosa que surja espontáneamente porque les apetece. Por eso es difícil para algunas personas desarrollar este hábito. Porque tendrás la sensación de ir contracorriente. Estas personas asumen la responsabilidad de sus actos. No se quejan por situaciones externas. No se quejan de las circunstancias, sino que las aceptan y actúan sobre lo que la situación les ofrece. Por supuesto, a esta gente le da igual lo que otras personas puedan pensar sobre ellos.

Hay que tener claras ciertas cosas para desarrollar un fuerte locus de control interno:

— Responsabilízate de lo que sientes. Sé responsable y honesto con tus emociones. No te responsabilices de que tu padre sea una mala persona, o de que tu madre muriese demasiado pronto. No te responsabilices de que tu jefe te grite. No te responsabilices de las críticas que recibes por llegar tarde a casa. Solo responsabilízate de lo que sientes y gestiónalo. O como explicaré más adelante, observa el pensamiento, identifícalo, acéptalo y vuelve a lo que estés haciendo. Una y otra vez.

— ¿Cómo puedes hacer esto? Actuando. Comprueba qué situaciones hacen que te conviertas en un quejica, explora qué cosas provocan en ti sentimientos de tristeza y simplemente actúa en esas situaciones de otra manera totalmente diferente a la que sueles actuar.

Por ejemplo, imagina que te gusta mucho una chica. Cada vez que te cruzas con ella agachas la cabeza. Esto te hace sufrir. O mejor. Imagina que es una chica que te gusta y que ya habéis hablado alguna vez de temas triviales. No te atreves a salir de esas formalidades por miedo a que piense que estás detrás de ella. Pues bien, salta del tiesto. Salta de tu zona errónea. Te ánimo.

— Haz algo que nunca hayas hecho antes. Es decir, en vez de decir: «Hola», di lo que sea que te haga temblar. Como: «Menudos ojazos tienes (riéndote, porque seguro que tienes cara de limón cada vez que te cruzas con ella debido a los nervios que estás reprimiendo), ¿Qué tal?» Es un ejemplo algo extremo. O quizás no. Pero con esto quiero que compruebes por ti que puedes cambiar muchas situaciones de tu vida tomando el control de tus acciones y pensamientos. Y no hace falta leer ningún libro de cómo ligar, sólo tienes que hacer algo diferente a lo que llevas haciendo toda tu vida y comprobar tras varios intentos qué acción te es más efectiva para aquello que te propongas.

¿Qué hacer con los pensamientos? Este tema lo abordaré más profundamente en los capítulos «Viven en el presente» y en «postura y respiración.» Por ahora debes saber sólo una cosa: *La idea común es que la motivación lleva a la acción, pero lo opuesto es cierto. La acción lleva a la motivación".* Robert J. McKain.

Es decir, actúa, que la motivación crece en el momento que llevas 20 minutos practicando. Si no me crees, ten el valor de hacerlo.

De momento aquí se queda este tema sobre los pensamientos. Sé que los pensamientos son los primeros demonios que tenemos que derrotar. Una de las maneras de derrotarlos es tomando acción. Pero puede sucederte que, aunque tomes acción los pensamientos se mantengan en tu mente. Por eso hablaré de la meditación, de la postura corporal y de la respiración en los últimos capítulos del libro.

Por último y para que sirva de ejemplo de lo que no es tener control interno voy a mencionar a los fatalistas, los agonías, los deterministas y a la gente que cree en la suerte. Si llevas toda tu vida pensando, o crees a veces que en la vida hay gente con suerte y gente sin ella estás pensando en algo externo. Liberas presión de ti, pero realmente no estás creciendo ya que responsabilizas a la suerte de las cosas que pasan en tu vida.

Es decir, no te pido que seas más positivo en la vida, aunque pueda ayudarte. Te pido que trabajes en cambiar tu locus de control externo en locus de control interno. Eso es todo. Y lo logras tomando acción. Así te vuelves responsable de lo que experimentas emocionalmente, de tus pensamientos y de tu comportamiento.

HÁBITO 3: SE ACEPTAN, ACEPTANDO SUS CIRCUNSTANCIAS, PERO PERSIGUIENDO LO QUE QUIEREN.

«La inspiración existe, pero tiene que encontrarte trabajando.»

PABLO PICASSO

Antes de nada, es importante que distingas entre el conformismo y la aceptación. La conformidad se produce cuando no toleras una situación sea cual sea esta. Nos cerramos en nosotros mismos, y procedemos a no actuar y a estancarnos. Acto seguido aparece la tristeza, la apatía, la desesperación y el estrés. El cuento que siempre se repite.

«Otra vez lo ha vuelto hacer.» «Otra vez lo mismo.» Esto es lo que se solemos decir. Nos volvemos despreciables. Nos lamentamos, lloramos por las esquinas, mendigamos la atención de los demás cuando realmente la atención nos la tenemos que prestar a nosotros mismos.

No creer en cambios en nuestra vida nos llevará a conformarnos. Esto generará a largo plazo más frustración, y en más ocasiones de las que se cree, la muerte. El hombre en busca del sentido de Viktor Frankl es para mí, la biblia de cómo se trabaja la aceptación de la realidad y no conformarse.

En cuanto a la aceptación, puede que se confunda con la conformidad en ocasiones. Pero la diferencia entre ellas es clave. La acción. Actúa. Seas como seas. Pienses lo que pienses sobre ti.

Actúa, comprueba cosas. Experimenta y pásalo mal si hace falta. Pero actúa. Aceptar es abandonar una lucha que no tiene solución. Como intentar cambiar a las personas de tu alrededor. Puedes pasarte años y años tratando de cambiar a alguien y creer que lo has logrado. Luego comprobar la cruda realidad de que a tus espaldas esa persona hace todo lo que tú dices que no haga. No vas a cambiar a nadie que no quiera cambiar. Ante estas situaciones propongo centrar la atención en otros propósitos y seguir creciendo. Haz como los árboles. Crece al máximo hacia la dirección que puedas y todo lo que te dejen si hay otras ramas o árboles impidiendo tu crecimiento hacia ciertas zonas.

Aceptarse es duro. Implica aceptarnos a nosotros mismos. Y normalmente, si llevas toda una vida tratándote de forma pésima, te va a costar. Pero se consigue. La aceptación consiste en aceptar lo que somos, la situación que nos está tocando vivir y que somos responsables de prácticamente todo lo que está en nuestra área de influencia. Por lo que no vale decir eso de: es que yo no elegí nacer aquí, o no elegí tener tal familia. Eliges constantemente. Ahora has elegido leer este libro. Pues con la vida es igual. Decides y eliges constantemente. Actuar o no. Es simple. No es fácil.

La aceptación implica no conformarse. Implica mejorarse constantemente. Cultivar la virtud de todo lo que hacemos. Como Séneca cita en su obra Diálogos, en concreto en sus escritos "Sobre la felicidad", cultivar la virtud es indispensable para ser feliz. No en cambio los placeres. Porque lograr placer, o trabajar por y para él nos hace esclavos. Y nosotros queremos ser libres.

Es decir, aceptarse no es estancarse. Es un estado de mejora constante, de sumergirnos en la incomodidad de cosas que nos dan miedo o respeto para mejorar nuestro nivel en todos los aspectos de nuestra vida. Socialmente, económicamente, familiarmente, deportivamente... en lo que sea. No dejes de mejorar en lo que sea por mucho que te digan que es suficiente.

Para el psicólogo de Illinois, **Carl Rogers**, la aceptación genera empatía y seguridad hacia nosotros mismos y desde nosotros hacia los demás. Aceptar es ir a la guerra con lo que ya tenemos y punto. Aceptar es ir con todo nuestro arsenal actual sin desear un tanque mejor, sino sacar todo el potencial posible al que ya tenemos.

¿Cómo puedes lograr más aceptación en tu vida? ¿cómo cultivarla? Muy sencillo. Actúa. La acción es el verdadero motor de todo. Aparte de investigar en lo más profundo de ti y de comprobar o desenmascarar ciertas ideas irracionales que te dominen, lo más importante es tomar acción. Esto te permite comprobar cómo es la realidad de las cosas que te rodean. Actuando, por ejemplo, al tomar otra determinación, como por ejemplo ser más honesto, puedes comprobar cómo las personas que creías que te odian no lo hacen. Y, al contrario, cómo las personas que creías que te amaban no lo hacen tanto. Actuando y comprobando, como un científico, empezarás a aceptar las cosas fácilmente ya que has actuado sobre ellas y has visto lo que sucede.

En cuanto a perseguir lo que quieres. Es algo lógico. Estás en esta vida. Sólo vas a tener una. ¿Qué menos que dedicarte a algo que te apasione? Aunque no es fácil. Siempre hay múltiples factores que impiden que puedas desarrollar la vida que deseas. Los pensamientos irracionales son parte importante de esos factores. Puedes echar la culpa al tiempo, a que tienes hijos o a que estás en un estado físico lamentable. Pero lo que importa de verdad es que tomes acción nuevamente hacia aquello que te gusta, aunque sea mínimamente. Por ejemplo, te encantaría dedicarte a ser entrenador de fútbol. Pues utiliza tus momentos libres para hacer algo que te encamine a ello. Esto sí que no es difícil.

Para el notabilísimo psicólogo **William James**, la felicidad viene a ser el resultado de un compromiso o razón entre los logros alcanzados por la persona y las aspiraciones o metas que ésta se plantea. Es decir, que nuestra felicidad se basaría en los logros que cosechemos. Si perseguimos lo que queremos y lo conseguimos, nuestra felicidad aumenta.

También es importante saber qué te mueve a tus metas. Es decir, si luchas por ellas para lograr una recompensa o si lo haces para evitar algo que no te gusta. Si trabajas 10 horas al día sin descanso porque en casa la situación es insoportable con tu mujer, realmente estás evitando algo. Estás trabajando hacia una meta, pero de manera insana. Esto puede ser tu tumba. De hecho, es mucho más positivo actuar para lograr algo gratificante que para evitar un castigo. El castigo llegará tarde o temprano.

Revisa tus valores. Escribe en un papel qué tres valores éticos son fundamentales para ti y persigue algo que esté en consonancia con ellos. Si para ti el respeto es fundamental, quizás te mueva una poderosa convicción de educar y enseñar a niños a ser ciudadanos respetuosos. Si para ti es importante la confianza, quizás apuntarte como voluntario en una institución que ayuda a personas sin recursos o en riesgo de exclusión social puede potenciar más ese valor en ti. Puede hacerte crecer de verdad. Lo mejor de todo es que vas a sentirte congruente. Y este sentimiento no será fingido ya que lo haces porque casa perfectamente con tu ética.

Por último, debes tomar nota de lo siguiente. Puedes usar estas líneas como guía para lograr más aceptación sobre el mundo que te rodea y para ir a por aquello que quieres:

— No te quejes. No pierdas energía lamentándote de tu mala suerte. No pierdas ni un gramo de fuerzas en hablar sobre una situación que no está siendo como esperabas porque es estúpido. Sé consciente de que quejarte te hace más débil. Mientras que asumir las circunstancias y usar todos tus recursos dentro de las posibilidades que se den es lo correcto. Lo único que te va a llevar lejos es confiar en lo que ya eres, seas como seas, y actuar con el arsenal del que dispongas. Cultiva en todos los ámbitos de tu vida tu mejor yo. Rétate a ti mismo. Compárate contigo mismo hace un año, dos años, tres años. Pero sólo contigo.

— Presta atención. Si un problema tiene solución, resuélvelo. Si no tiene solución, no es un problema. Si nunca has tenido suerte con las chicas, o consideras que eres deficitario a la hora de relacionarte con ellas, no te quejes. Es un problema, y puedes abordarlo. Puedes salir a la calle, puedes proponerte hablar con 5 chicas al día. Puedes hacerlo. Puedes resolverlo. En cambio, imagina que tu padre es alcohólico. Que, tras varios intentos de desintoxicarse, unos cuatro o cinco, ha terminado recayendo. Tú te sientes mal porque no has podido solucionar que tu padre sea un alcohólico. Pero lo que no sabes o no quieres saber es que ni tú eres responsable de ello ni es un problema. Es duro. Pero es así: tu padre seguirá siendo alcohólico seas lo que seas y hagas lo que hagas en la vida porque depende de él dejar de serlo y no de ti. Por lo tanto, no tiene solución. Por lo tanto, no es un problema.

— Si no tienes claro lo que quieres en la vida. Actúa. Es decir, prueba cosas nuevas, experimenta. Apúntate a clases de artes marciales, aprende un idioma extraño que te haya llamado siempre la atención, lo que sea. Prueba, si no te gusta, déjalo. Pero estate seguro de que no te gusta. Actúa porque solo así lograrás saber qué cosas te gustan. Pasa de la gente que te recomiende hacer algo porque a ellos le han encantado. Igualmente, cuando tengas amigos que te digan que han visto una película muy mala y te dicen que no vayas, no les hagas caso. Porque es su opinión., Y quizás para ti sea la mejor película que has visto jamás.

— Vive las experiencias que solamente tú quieras vivir. Es decir, si quieres ser más sociable, crea esas experiencias en forma de conversaciones con gente a la que normalmente no hablas. Por ejemplo, entabla conversaciones con tus vecinos cuando te los cruces. Si tienes un trabajo de cara al público exigente y estresante, aprovéchate de ello e inicia conversaciones sobre lo que sea para perder la vergüenza. Vive lo que quieres vivir de verdad. Si no te apetece ir de fiesta con tus amigos un viernes por la noche no lo hagas. Pregúntate qué quieres hacer ese viernes noche y simplemente hazlo. Mejor sólo. Si tienes amigos que quieran acompañarte, genial. Pero normalmente las personas tienen compromisos y preferencias y muchas veces no serán las mismas que las tuyas.

Pero esto no importa absolutamente nada. Porque es tu vida. Son tus experiencias. Es el camino.

Haciendo este tipo de cosas irás sabiendo poco a poco qué camino vas a querer tomar en la vida. No hace falta que escribas en un papel lo que quieres ser. Es estúpido. Simplemente toma decisiones en tu propio bien. Vive lo que quieras vivir.

Habito 4: Viven el presente.

«*No vivo ni en el pasado ni en el futuro; estoy afirmado en el presente. No puedo saber qué es lo que ha de traer consigo el día de mañana; puedo tan sólo atenerme a lo que hoy es para mí una certeza.*»

IGOR STRAVINSKI

Quizás este capítulo sea la base para todos los demás. Desde mi punto de vista, si eres capaz de cultivar este hábito, todos los demás vendrán sin mucho esfuerzo. Porque actuarás sin prejuicios sobre tu realidad.

En este actual mundo de estrés, de horarios interminables, de trabajos exhaustos y de múltiples actividades, estar presente se torna difícil. Por suerte hay muchas personas que tienen desde pequeños tan desarrollada esta habilidad que lo siguen estando de forma natural. Pero por norma general no solemos estar presentes en la mayoría de situaciones que se producen en nuestras vidas.

Esto es bastante duro. Te digo porqué. Porque te pierdes lo que más quieres. Puedes estar con la chica de tus sueños, cenando con tus padres tras meses sin verlos. Puedes estar conduciendo por las montañas más bonitas del universo incluso puedes estar bebiendo el batido más delicioso del planeta, pero... ¿Sabes qué? No estás ahí. Y dejar que nuestros pensamientos abrumadores nos priven de vivir totalmente estos momentos es tirar nuestras experiencias por la borda. Y nuestra vida está hecha de experiencias.

Levanta la mano si te ha pasado lo siguiente. Estás comiendo, con tu familia, y tu cabeza está pensando en aquél chico que te vuelve loca. O en ese trabajo que tienes que entregar antes de las siete. O mejor, quizás estés pensando cómo te vas a comer el postre o si vas a querer. Todo esto mientras comes. Sí, es una locura.

Lo peor es que esto no solo pasa comiendo. Te pasa cuando te duchas, cuando estás en el trabajo o incluso cuando sales a correr. Lo llamo el «virus pasaturo». Es decir, pensamientos que se estrellan una y otra vez en nuestra mente y nos conducen al pasado y al futuro continuamente sin que aparentemente podamos hacer nada. Y es cierto. No se puede controlar el pensamiento.

Quiero que a partir de ahora, veas al pensamiento como un río. Un río con las compuertas abiertas. Así es nuestro pensamiento, como un río que baja a todo trapo por nuestro lóbulo frontal y nos deteriora nuestra experiencia con la realidad de manera radical.

Aparte de estar pensando sin control o creer que lo estamos haciendo nosotros de manera consciente (cosa de la que más adelante hablaré). Existe el piloto automático. Aquél con el que realizamos tareas cotidianas como lavarse los dientes o fregar los platos. Pues bien, este tipo de actividades son clave para focalizar nuestra mente al momento presente. Te propongo que dediques atención a qué momentos de tu día a día has decidido automatizar y que te sumerjas totalmente en lo que hagas. Y hazlo cada día durante toda una semana entera. Si no te gusta la sensación o piensas que estás perdiendo el tiempo, escríbeme insultándome. Te lo permitiré. Pero prueba. Empieza ya.

He mencionado que nosotros pensamos que pensamos conscientemente. Pero no. Realmente el 90% de los pensamientos que tenemos a lo largo del día no tienen nada que ver con lo que estamos haciendo. Por lo que, aunque te identifiques con ellos, eso no significa que sea lo que quieres en ese momento. De hecho, estos pensamientos molestan. Es como que no vienen a cuento, pero tienen sentido. Aquí está la clave.

Identificarnos con los pensamientos que nos vienen a la mente a cada momento es la mejor manera de salirnos del presente. De perdernos nuestra vida. De perdernos nuestras experiencias. Yo me la he perdido por unos cinco años o incluso más. Si te identificas con los pensamientos sobre desgracias familiares, decepciones, falsas ilusiones de tu mente, estás bastante jodido/jodida.

Pero tranquila, tranquilo. Hay solución. Que estés totalmente sumergido en la actividad que estés haciendo a cada momento es posible. Que lo estés con la mente errática trayendo pensamientos constantemente también lo es. Y no sólo eso, sino que seguramente te encuentres mucho más vivo o viva metiéndote de lleno en lo que hagas. Seas informático o camionero. Lo mismo da.

Para estar en el presente, para saber lo que hay que hacer con los pensamientos cuando vengan, es importante que practiques a diario unos minutos a meditar.

— Con diez minutos es suficiente. Por meditar no me refiero a que compres doscientas velas y hagas un corazón en el suelo con ellas. Aunque hazlo si te hace ilusión. Me refiero a observar la respiración tal como es en el momento que decidas tomarte tiempo específico para hacerlo.

— Siéntate en una posición relajada pero erguida. Nota cierta incomodidad, pero sin que sea doloroso para tu cuerpo. Mantén la espalda lo más recta que puedas sin apoyarla en el respaldo. Si te duele, apoya la espalda, pero mantén recto el cuerpo. Saca un poco de pecho hacia fuera y relaja el abdomen. Meditar es observar cómo respiras en este preciso momento sin intervenir.

— Respira hinchando y deshinchando el abdomen. Observa cómo se hincha y deshincha. Cuenta hasta 21 y deshaz la cuenta hasta el 0 si notas que te dispersas.

— El objetivo de esta práctica es que sigas observando la respiración una y otra vez cuando notes que tus pensamientos ganan fuerza. Cuando esto ocurra, observa el pensamiento, acepta que va a estar ahí y vuelve a la respiración. Ya sabes que los pensamientos son como el agua del río que corre sin cesar. Por lo que si sigues trayendo tu atención una y otra vez a la respiración los pensamientos se irán corriente abajo y vendrán otros.

— El foco de meditar es practicar la firmeza y la constancia. Si tu mente se va 100 veces, el objetivo será traerla al presente 101. Es duro y cansado. Pero es así como puedes lograr vivir tus momentos. Te reto ya mismo a que lleves esto a la práctica diaria. Cuando estés hablando con cierta persona y notes que te dispersas, trae de vuelta tu mente a la respiración. Comprueba si te funciona. Si es que sí enhorabuena. Y si es que no, sigue meditando, o amplía el tiempo de observación a la respiración diaria.

No obstante, este es un pequeño esbozo. Hay muchísima información sobre meditación en internet. No toda es realista. Desde mi posición como psicólogo te recomiendo Mindfulness. En concreto, si quieres mejorar de verdad tu habilidad para estar presente lee «*Vivir en plenitud las crisis*» de **Jon Kabbat Zinn**. Es el método más efectivo y natural que conozco para conectar con el presente.

Para terminar, voy a comentar ciertas acciones o pautas que te van a facilitar volver a ti mismo cuando las cosas se pongan duras ahí fuera.

Tú no eres lo que piensas, ni lo que sientes. No te identifiques con lo que piensas ni con lo que sientes.

Normalmente porque lo que piensas determina cómo te sientes. No te pido que seas un ser sin emociones. Te pido que seas consciente del control y de las limitaciones que la mente impone sobre tus emociones al abrazar los pensamientos como si fuesen reales. Tú eres en este momento lo que estás viviendo. Escribes ahora mismo tu historia. Estás respirando. En el futuro no respiras porque no existe. En el pasado tampoco puedes respirar. Si estás respirando es porque estás en el presente.

Al igual que tu respiración, con el cuerpo pasa lo mismo. Adquiere el hábito de preguntarte ¿Dónde está mi cuerpo ahora mismo? Inmediatamente verás que estás aquí y ahora y que no hay más momentos donde tu cuerpo se va a encontrar que este. Reconecta con el presente mediante tu cuerpo cuando los pensamientos te desconecten. Si es preciso pellízcate. Estás vivo. Estás aquí.

Cuando sucedan cosas desagradables de verdad para ti, trata de observar cómo es tu respiración. Reconecta. Muchas veces respondemos en piloto automático a las ofensas, a las críticas, a los insultos. Aquí tus pensamientos se harán fuertes si los dejas. Recuerda en estas situaciones que lo que quieren es tomar el control sobre ti. En cambio, si conectas con la respiración, puede que veas que está muy agitada, y al estar presente, puedas tomar una decisión mucho más óptima. Una vez más, prueba. Prueba una y otra vez. Funciona.

Cuando hables, respira por el abdomen. Sin forzar, pero nota como se hincha y deshincha. Esto logra que puedas estar más tranquilo y presente a la hora de interaccionar. Es importante comunicarse como uno de verdad quiere hacerlo. Prueba primero con personas conocidas, y ves escalando hacia personas desconocidas y jefes o superiores.

HÁBITO 5: HACEN COSAS QUE TEMEN Y TAMBIÉN QUE DESEAN.

«Fue un gran consejo que un día escuche que le daban a un niño:

Siempre tienes que hacer las cosas a las que le tienes miedo.»

RALPH WALDO EMERSON

Asúmelo, eres la mitad de la mitad de lo que puedes ser y lo sabes. En la vida siempre habrá situaciones que nos den miedo. Desde salir a la calle a las diez de la noche hasta pedir el teléfono a la chica más bonita del local. Todo da miedo cuando lo alimentamos con miedo. Párate a pensar en todo lo que te estás perdiendo por no actuar contra esas cosas que te limitan. ¿Realmente quieres seguir estando igual dentro de dos o tres años? ¿En serio? ¿Te quieres? Si de verdad te quieres, este capítulo te va a ser muy útil. Vas a aprender mucho sobre ti, sobre las ideas irracionales que te frenan los pies y sobre lo que de verdad pasa cuando miramos al miedo a la cara y lo desenmascaramos.

Te voy a decir algo. El miedo, es un impostor. Se cuela en nuestras vidas y juega con nuestros pensamientos. Puede que te pasara algo terrorífico cuando eras pequeño, en una situación específica y en un momento determinado.

El problema del miedo es que al alimentarlo lo extrapolamos.

Por ejemplo. Un trabajo. Tienes una entrevista en una reputada empresa de marketing y te sale todo fatal. Se te cae el vaso de agua, tartamudeas e incluso te meas encima y el entrevistador se da cuenta y se ríe de ti. Puede ser muy duro. Pero sólo fue una entrevista, específica de un día concreto. Tu vida sigue, ninguna entrevista es cuestión de vida o muerte, tu vida no depende de ello. Si cada día trabajas por ser mejor en lo que quieres ser, el éxito terminará llegando, y una entrevista fallida no cambia nada. Sin embargo, te mueres de miedo de cagarla en la entrevista, que es justo lo último que deberías hacer.

Aprovecha todas las oportunidades que se te presentan como retos para superar miedos adquiridos. Lo bueno del miedo es que sabes perfectamente qué es lo que te hace temblar. Lo bueno del miedo es que lo tienes grabado a fuego. Por eso puedes enfrentarte a él, porque lo conoces. Siempre deberías preguntarte algo, ¿Qué es lo peor que puede pasar? Y te darás cuenta tú sólo que en el 95% de las ocasiones no te pasaría NADA.

Si tienes un miedo atroz a las chicas espectaculares porque piensas que no estás a la altura de alguien como ellas, aprovecha las circunstancias cuando se presenten para actuar. Aunque estés cagado. Hazlo por ti. Y no va a ser un cuento de rosas. Vas a sudar mucho, vas a pasarlo fatal, estarás al borde de la taquicardia incluso, pero el mero hecho de plantarte delante de ella y decirle lo que quieres decirla, te va a dar un valor incalculable. Ese valor incalculable es la confianza. Y al principio será tan baja que ni la vas a notar, o quizás sí. Depende un poco de lo excitante que sea tu vida actualmente. Pero si te sientes igual que antes de hablar con ella, sigue aprovechando este tipo de situaciones hasta que notes que no te costaría nada detener a una top-model y pedirle el número de teléfono. La primera vez te costará, cuando lleves cincuenta será como hablar con tu madre.

Te puede dar miedo volar. Estar en un sitio cerrado. Hablar con desconocidos. Son muchas las posibles situaciones. Yo te recomiendo que acostumbres a tu mente a observar tu respiración dando igual como sea esta. Es decir, si vas a hacerte unos análisis de sangre y odias las agujas, observa sin relacionarte con tus pensamientos cómo estás respirando. En el anterior capítulo di unas instrucciones sencillas de cómo reconectar con la respiración en situaciones tensas. No intentes forzar tus pensamientos. Acéptalos observándolos, reconecta con tu respiración sea la que sea esta y cobra conciencia de cómo te sientes en ese momento. Simplemente por el hecho de darte cuenta de cómo te encuentras volverás a estabilizarte. Esto es importante porque te hará mucho más fácil mirar a los ojos al miedo y derrotarlo.

Antes de pasar a nombrar algunas acciones y herramientas que van a permitir afrontar miedos de manera realmente efectiva y natural, quiero hablar de dos formas de estrés. ¿Por qué? porque el estrés nos inmoviliza y en cierta forma se relaciona con cosas que tememos.

A la hora de afrontar miedos, hay que saber si superarlo nos va a potenciar en un futuro a corto medio o largo plazo o simplemente lo vamos a pasar mal y no vamos a lograr otra cosa que pasarlo mal.

Existen dos tipos de estrés. **El eustrés, y el distrés**. A nosotros nos interesa potenciar situaciones de eustrés. Este tipo de estrés, nos permite adaptarnos a los cambios y reaccionar ante los problemas y peligros que aparecen en nuestras vidas. Es como una especie de mecanismo que nos lanza a luchar contra aquello que tememos hasta que lo dominemos. Es un estrés que te permite crecer. Que a pesar de pasarlo mal las primeras veces, acaba haciéndote más fuerte. Es un estrés potenciador.

Por eso exponerse a situaciones que tememos pero que sabemos que si superamos nos pueden ayudar a ser mejores en cualquier plano, ya sea el familiar o el laboral, es la mejor manera de crecer que conozco. De notar cambios duraderos en nuestras vidas respecto a cualquier cosa que siempre hayamos temido. Se trata de un estrés positivo ya que cuando actúas y cambias las cosas, o mejor dicho tu percepción de las cosas, esto supone para ti un beneficio enorme. Ya que compruebas por ti mismo que puedes dominar situaciones que nunca creíste que podrías dominar.

Por lo que intenta generar el máximo posible de situaciones con eustrés en tu vida. Haz un listado de todo lo que te da miedo y sé honesto. Apunta absolutamente todo lo que te hace estar alterado, quítate la máscara de persona impasible y sé sincero contigo mismo. Te lo mereces. Te mereces ser feliz. Te mereces quererte. Son todo ventajas.

Una vez tengas apuntadas esas situaciones, cosas o personas que te aterran, simplemente lánzate a ellas como un pirómano. Sumérgete en ellas sintiendo el miedo que siempre sientes, pero lánzate convencido de que te vas a meter en la situación hasta que el agua te llegue a la cabeza. Te vas a sumergir del todo y con todos tus sentidos. Sólo así vas a superar los miedos, estando totalmente presente. No olvides la respiración y la identificación con los pensamientos. Los pensamientos son como un río. No son tú. Así que actúa pienses lo que pienses en ese momento. Ya sabes que lo que pienses no importa nada porque la mente atrae y aleja ideas constantemente. Es su trabajo. El tuyo es estar en el momento, haciendo lo que importa.

En cuanto al distrés, es el estrés negativo. El que por mucho que te expones a él no notas mejoras. Es más, cada vez que lo ves y lo vives te sientes peor o te desgasta. No notas ningún tipo de crecimiento, todo lo contrario. Por este estrés me refiero a un trabajo de 12 horas diarias, agotador, que te deja sin energías para hacer otras cosas, sin ningún tipo de reconocimiento por tus superiores de lunes a viernes. Este estrés es el que normalmente todos conocemos y vivimos o hemos vivido. Estrés del tipo tengo que ahorrar mucho dinero para poder pagar la entrada del piso y como no me renueven qué va a ser de mí. ¿Te suena? Estrés de tener mil tareas que hacer y tener la sensación de que en el día no hay suficientes horas para hacer todo lo que te han dicho que tienes que hacer.

Pero no sólo se pasan el tiempo haciendo cosas que temen. No son superhumanos. También se dedican a cosas que le apasionan a modo de recompensa por haber afrontado algunos miedos. Por ejemplo, si temes a los perros y siempre que ves uno te paras a acariciarlo es perfectamente normal y recomendable que por la noche te premies con tu serie favorita. Esto también forma parte de quererte.

Otra forma es actuar como si fueses lo que quieres llegar a ser, es algo raro. Incluso puede parecer antinatural. Jugar a representar un papel. Pero amiga, amigo es cierto. Se sabe que cuando actuamos como si fuésemos algo que queremos ser, como por ejemplo alguien con sentido del humor, es muy posible que lo hagamos bien o muy bien. Es una manera un poco artificial y poco sensual de manejar la mente y de actuar, pero puedo decir que es una de las maneras más sencillas de llevar a cabo acciones de manera satisfactoria. ¿No recuerdas aquella entrevista en la que estabas tan nervioso y que te salió tan bien? ¿A qué se debió? Pues a que actuaste con confianza pese a los nervios. Actuaste conscientemente con determinación y lo que es mejor, lo transmitiste. Actuáste como si ya tuvieras ese puesto de trabajo.

Por esto, el pequeño secreto de mucha gente feliz es tomar determinación y actuar como personas alegres desde el inicio del día. Eso lleva a que a lo largo de la jornada las cosas que te vengan las tomes de otra manera. Y no promuevo una especie de ilusión de mundo feliz y rosita. Promuevo una actitud. Una actitud que genera una acción. Una acción que genera una serie de pensamientos. Una acción que genera ciertas cosas en tu entorno. Y lo que generas vuelve a ti. Ahí está todo.

Para terminar, unos consejos:

— Intenta hacer una cosa que temes al menos una vez a la semana como mínimo.
— Prémiate cuando hagas esa cosa que temes. No vale quedarte en casa viendo tu serie de TV favorita y decirte que al día siguiente te enfrentarás al miedo. En su lugar, deberías ver tu serie favorita únicamente cuando hayas cumplido tus objetivos ese día, a modo de premio.
— Actúa como si fueses lo que quieres ser, pero no te vuelvas loco actuando todo el día. Los extremos se convierten en lo contrario. Si estás todo el día actuando perderás conexión contigo mismo. La clave es «actuar como si» en las situaciones complicadas, que nos dan miedo o que necesitamos afrontar. Luego relájate. Pero ten coraje amigo. Sólo es actuar.

HÁBITO 6: APRENDEN DE TODO LO QUE LES RODEA.

«Me lo contaron y lo olvidé; lo vi y lo entendí; lo hice y lo aprendí.»

CONFUCIO

Aprenden. Sobre todo del fracaso. Aprenden a fracasar peor. Es decir, cuando saben que algo no les sale o que tienen dificultades para lograrlo, actúan de manera repetida. Fracasan, pero siguen actuando. El problema es cuando actúas una y otra vez de la misma manera, entonces eres estúpido. Pero si fracasas cada vez mejor, llegará un momento que lo hagas tan bien que fracasar no será una opción sino un paso más hacia tus metas.

Es decir, la clave es fracasar. Olvídate de olvidar al fracaso. El fracaso está ahí y todos sabemos lo que es. Visualiza el fracaso y fracasa una y otra vez. Pero fracasa cada vez mejor. Aquí está el secreto de la gente que consigue cosas en la vida y la gente que se conforma con una vida mediocre: el fracasar cada vez mejor.

El fracaso y el éxito es lo mismo. La gente lo diferencia como polos opuestos. Pero te podría decir que actuaras y que cada vez que las cosas no te salieran ya has logrado un pequeño éxito al iniciar la acción. Y seguirás teniendo pequeñas dosis de éxito a medida que vayas mejorando tus actuaciones. Es lo mismo. No tengas miedo a fracasar. Cuanto más fracases, menos fracasado serás en la vida. Paradójico, ¿No?

Eso sí, para aprender no vale con leer. La mejor manera de aprender es involucrarte en ello. Si tomas parte de aquello que quieras aprender, ya sea apuntándote a clases de teatro o de baile, ya sea relacionándote más con las personas, ya sea practicando más horas los disparos a portería… lo que está claro es que tu aprendizaje será más fuerte en la medida en que dediques tiempo real de tu vida a actuar.

Las personas que tienen esta serie de hábitos (ya con este llevamos seis) no viven en una burbuja de felicidad diaria. Lo pasan mal. Incluso puede que lo hayan pasado increíblemente mal en la vida. Cáncer, muerte o problemas con drogas y alcohol entre familiares cercanos son las cosas más suaves que han podido sufrir. A lo que voy es que de esto también se aprende. Si tienes la mala suerte de tener algunas o todas de estas experiencias en tu vida te digo que están ahí precisamente para que aprendas de ellas. No están por otra cosa. Porque sinceramente nadie desea eso. Están ahí como parte del aprendizaje de la vida.

A lo que voy es a que, si quieres aumentar tu fuerza y confianza interior, (la que realmente nos lleva lejos) debes afrontar y aceptar que estas cosas pasan y mirar hacia otro lado no soluciona nada. Y no solo me voy a referir a estos casos. En la vida existen personas que nos faltan al respeto. Personas que nos estresan. Que nos tratan como mierda. Pues bien, aprende. Aprende no a pasar de ellas, que también. Aunque personalmente, abogo más por dejar las cosas claras a esa persona y luego desterrarla. Aprende a cómo quieres ser en la vida y a cómo quieres que sean tus hijos o tus nietos.

Una vez tuve una mala experiencia con una gran amiga. O que yo al menos así consideraba. Ella me metió en un jaleo importante y dijo cosas de mi a otras personas que hicieron que yo quedase como un ogro feo y calvo. ¿Me enfadé? Sí. ¿La dije lo que pensaba? totalmente. ¿Entonces? entonces decidí que yo no quiero personas así en mi vida. Y apunté a fuego en mi mente cómo no quiero ser en la vida. Ella fue un aprendizaje brutal para mi sobre cómo quiero ser o no en la vida. Y ya sólo por eso le estaré agradecido. Algunos dirán: «Se portó como una zorra contigo... ¿Cómo no la mandaste a la mierda?» Yo digo que no hace falta. Me ha proporcionado un máster sobre cómo tratar a la gente.

Para aprender de las cosas que te pasan es necesario que gestiones las emociones correctamente. Es decir, asume que algo te duele, que algo te ha sentado mal pero no dejes que eso abarque todo. Observa lo que estás sintiendo y reconecta con tu respiración sea cual sea esta. La respiración es una manera muy eficaz de recuperar la compostura ante un vaivén emocional. Te recomiendo observar cómo sale y entra el aire por tu nariz, concéntrate por todos los segundos que puedas. Si son 20 mejor. Con eso será más que suficiente. Te ayudará a cobrar conciencia de cómo tu mente ha tomado el poder sobre ti y permitirá regularte.

Parece algo fácil de hacer, pero una cosa es decirlo y otra cosa es hacerlo. Daniel Goleman, habla en su obra *Inteligencia Emocional* de cómo las emociones bien canalizadas pueden llevarnos a conseguir bienestar de manera continuada a lo largo del día. Recomiendo la lectura de su obra sepas o no de psicología. Es cuanto menos inspiradora.

Si tienes problemas para canalizar las emociones o sientes que estas son demasiado intensas no hay nada como un profesional para poder comprenderlas y canalizarlas de verdad. Piénsalo. ¿Prefieres mantener un déficit que te limita a la hora de ser tú mismo intentando esconder todas tus taras debajo de la alfombra? ¿O prefieres soltar todo lo que tienes y resetear tu sistema de creencias para vivir de forma plena lo que te quede de vida? Un buen psicólogo puede solucionarte la vida en un mes si pones actitud. Solucionarte la vida modificando y desenmascarando creencias que te limitan. Nada de agujas, ni de vasectomías tranquilo.

Por último, para que no olvides cómo debes integrar este hábito en tu vida:

— Cuando vivas una experiencia dolorosa o fuerte emocionalmente recuerda que es parte del aprendizaje. Lo pasarás muy mal, eso seguro, pero no dejes de recordarte que es un aprendizaje para lo que vendrá después.

— Aprende cada dos meses algo nuevo. Es decir, si te gusta la salsa, aprende a bailar. A los dos meses, cuando ya tengas la habilidad que considderes aceptable, aprende otra cosa. Aprende. No abandones nunca el hecho de formarte en cosas que te gustan o te llaman la atención.

— Mantente presente. Si estás con el piloto automático conectado cuando te suceden las cosas seguramente no aprendas nada y vuelvas a tropezar contra las mismas piedras una y otra vez. Por lo que mantén tu atención al aquí y al ahora. Haz lo que sea para estar. Si tu manera de estar plenamente en una situación es pasándotelo bien o bromeando pues hazlo. No importan las consecuencias. No van a matarte esas consecuencias.

HÁBITO 7: DESCANSAN CORRECTAMENTE.

"El que no tiene dos terceras partes de su jornada para sí mismo es un esclavo, sea lo que sea, político, comerciante, funcionario o erudito."

FRIEDRICH NIETZSCHE

Descansar es importante. Durante el sueño profundo restauramos físicamente nuestro cuerpo mientras que cuando llegamos a la fase REM hacemos lo propio con nuestro sistema cognitivo. Es decir, el que usamos básicamente para aprender, estar en el presente y planificar planes o acciones.

En cuanto a nuestra memoria, que interviene en todo aquello que aprendemos, varios estudios arrojan evidencia suficiente sobre cómo descansar puede ayudarnos a mejorarla. Según varios estudios, lo que aprendemos se retiene mejor si nos vamos a dormir justo después de asimilarlo. Al igual que otro, de la universidad de California, que confirma que una de las principales funciones del sueño es la de limpiar espacio para dejar sitio a nueva información. Los recuerdos de los hechos del día se almacenan en el hipocampo. Después se envían a la corteza prefrontal. Por lo que se sabe que, si no dormimos entre 6 u 8 horas diarias, sobretodo en edades no ancianas, podemos limitar nuestra capacidad de aprendizaje en un 40%. Debido a que las regiones cerebrales implicadas en el almacenaje no carburar como deberían por falta de horas de sueño.

Dentro del descanso, influye todo lo demás. Es decir, el grado de estrés al que sometemos a nuestro cuerpo y a nuestra mente a diario, los alimentos que ingerimos y las relaciones con los demás si es que tenemos oportunidad de relacionarnos. En muchos casos algunos trabajos no permiten mucha interacción social.

Según un estudio llevado a cabo por científicos de la Universidad de Londres a largo plazo, el *Whiteball II.* Se preguntó a los participantes por el tiempo que dedicaba a dormir una vez a la semana durante dos años. Los datos que se pueden ver en este estudio son varios.

El estudio principal mostró que los cambios en la duración del sueño parecen tener relación con una peor función cognitiva en la edad adulta. Aparte se puede afirmar que un sueño inadecuado envejece.

Las investigaciones británicas, concluyen que dormir muy poco o demasiado puede provocar disminución de la función cerebral. Dormir menos de 6 horas o más de 8 puede envejecer nuestro cerebro y sus funciones hasta 7 años. Las investigaciones señalan que la cantidad óptima de sueño, que se fija en siete horas por noche, dio lugar a la puntuación más alta de todas las medidas cognitivas que se evaluaron en el estudio.

También se ha descubierto en los recientes estudios publicados sobre el descanso y el sueño que el crecimiento en los niños se produce sobretodo, al dormir. No es que el crecimiento solo ocurra durante el sueño, pero sí que está muy influido por él. Para el doctor Michelle Lampl, hay que tener en cuenta la hormona de crecimiento (HC) en el sueño porque su activación tiene lugar cuando dormimos. La función de esta es la regeneración muscular.

El sueño también se asocia a la obesidad en muchos estudios. Para uno de los mayores expertos en el estudio del descanso de los Estados Unidos, Phyllis Zee, «Los ritmos circadianos humanos en el sueño y el metabolismo están sincronizados con la rotación diaria de la tierra, de modo que cuando se pone el sol, se supone que es para dormir, no para comer.»

Aprende a desconectar. Si estás tan ocupado que no tienes tiempo para relajarte, entonces tienes que sacar como sea tiempo para relajarte. O eso o tu rendimiento será muy pobre en todos los ámbitos de tu vida. El café no es la solución.

Con este listado de hábitos vas a consolidar a partir de ahora un buen descanso en tu día a día. No hace falta que los introduzcas todos de golpe:

— Desconecta al menos durante dos horas al día de todo lo prioritario u obligatorio. Es decir, si estás agobiado, estresado por ese trabajo que no va a llegar a tiempo y justo ahora vas a comer, come. Apaga la televisión, apaga el teléfono o ponlo en modo avión durante todo el tiempo que estés comiendo. Aprovecha el espacio que sueles tener al salir del trabajo para desenchufarte de las redes sociales y del portátil y vive. Pasa tiempo con tus hijos, con tus padres, con tus amigos, ve a jugar al fútbol, pero desconecta. Aprovecha los pequeños espacios de tiempo que te brinda la vida, seguro que los tienes. Y es más fácil verlos con el móvil lejos de ti. El móvil, es para llamar. Es un teléfono por mucho que haya evolucionado. Piensa en lo ridículo que pareces conectado a un teléfono el día entero.

— Aleja de ti todo tipo de aparatos electrónicos, smartphones, tablets, videoconsolas o televisiones en tu descanso. No tengas a la vista o trata de verlos lo menos posible cuando descanses. Por descansar entiende aquél tiempo que le dedicas a tu cuerpo o a tu mente o a ambos. Por ejemplo, comer es algo que debería ser una especie de ritual en el que poder calmar la mente y disfrutar de los alimentos que tengas en la mesa.

— Apaga el teléfono móvil dos o tres horas antes de acostarte. Te evitarás preocupaciones innecesarias y leer mensajes que quizás no desearás haber leído. Es una poderosa forma de potenciar el descanso.

— Si te sienta bien y es acorde contigo duerme todos los días una siesta de 20 a 30 minutos. Esto es mejor que cinco cafés dobles. La universidad española de Valencia ha planteado unos estudios donde se sugiere que dormir después de comer mejora el estado de alerta e incrementa la capacidad de concentración por las tardes. Eso sí, no sobrepasar este umbral de descanso porque por la noche hay que dormir.

HÁBITO 8: SE ALIMENTAN Y EJERCITAN DE FORMA EQUILIBRADA.

"Somos lo que comemos"

LUDWIG FEUERBACH

Este hábito es primordial, sin este olvídate de todo lo demás. Si no te alimentas y ejercitas nunca serás plenamente feliz. No hay más. Lo siento.

El título de este capítulo es el típico que parece fácil de decir, pero es difícil de hacer. Al igual que en el deporte de alto rendimiento, donde los deportistas necesitan tener un nivel de activación óptimo para competir de manera efectiva, nosotros necesitamos un equilibrio en nuestras vidas aceptable que nos permita llegar lo más lejos posible tanto física como mentalmente. Comer y ejercitarse lo mejor que dentro de nuestras posibilidades podamos, está en nuestra mano. Eso es lo más importante. Más adelante enumeraré algunos consejos sobre esto.

Para comenzar, en cuanto a la comida, hoy en día existe una gran concienciación por parte de muchos nutricionistas que desconfían de los estudios publicados por grandes marcas de alimentación. Realmente se están arrojando a la luz datos esclarecedores sobre lo que es o no es sano y natural para nosotros. Todos hemos comido esos dulces cuando éramos pequeños e íbamos al colegio. Al menos todos hemos desayunado galletas o magdalenas con leche. Nos hemos sobrecargado de azúcar día sí y día también sin ser muy conscientes de qué propiedades nutricionales tenían esos alimentos. Nadie nos ha enseñado. Y para mí, la nutrición debería ser una asignatura obligatoria en los colegios e institutos. Como la psicología o la gestión del dinero.

Por lo menos en mi caso, mi madre me agasajaba con todo tipo de bollería, bocadillos de embutidos y zumos industriales tras mis entrenamientos de fútbol creyendo que así yo estaría bien nutrido y saciado cuando era un niño. También es verdad que hace 20 años no teníamos toda la información que ahora tenemos. Era posible engañarnos más que ahora. No digo que ahora no lo intenten, sólo digo que tenemos más posibilidades de evitarlo.

La gente feliz no tiene una verdadera obsesión con lo que come y se nutre de todo, pero justo lo necesario para mantenerse en sus calorías de mantenimiento. Mantienen una adecuada proporción de nutrientes en sus platos. Tratan de consumir verdura fresca a diario, con una buena fuente de proteína animal y limitando la ingesta de carbohidrato la mayor parte de la semana.

Bajo mi punto de vista, y tras años de investigación y experimentación propia, considero fundamental que cada plato que comamos al día lleve verdura. Ya sea este en el desayuno, la comida o la cena. Más de un cuarto del plato por lo menos. Y esta cantidad debería ser fija porque es una gran aliada a la hora de mantenernos saciados y evita que piquemos entre horas. El plato prototípico debería contener proteína. Uno o dos filetes de carne o de pescado como el salmón o la merluza. Aunque realmente puedes comer cualquier pescado blanco o azul que desees comer. El resto del plato que quede, que será como menos de un cuarto del total, de alimentos con grasas que procedan de animales o de plantas. Grasas buenas que nos permiten estar saciados también y que regulan nuestras hormonas de manera brutal. Conozco a gente que le ha cambiado el estado de ánimo por empezar a consumir más grasa en sus platos reduciendo los carbohidratos con alto índice glucémico. Por ejemplo, el aguacate es un alimento perfecto para acompañar todo tipo de comidas, las aceitunas, queso de cabra, y muchos otros alimentos más.

No obstante, recomiendo que si llevas un estilo de vida en cuanto a la alimentación, poco saludable, visita primero a un nutricionista, para que pueda asesorarte bien.

Una vez o dos a la semana, se permiten quizás un antojo, o varios, pero no tienen problemas porque enseguida pueden volver a alimentarse de manera nutritiva incluyendo pescados azules y blancos o frutas. Y esto no es fácil. Conozco gente que tiene destrozados ciertos circuitos encargados de la inhibición del apetito. Debido a las cantidades ingentes de patatas fritas y de dulces que consumen. Aunque aparentemente, parezca poco. Como una bolsita. En realidad, si no lo controlas puede llevarte a pasarlo muy mal. El secreto de este cambio de alimentación que propongo es que no hay secreto.

Simplemente aumentas unas cosas y disminuyes o sustituyes otras.

Comen unas dos o tres veces al día. Comer más veces entorpece y retrasa la digestión. La razón no solo es esta. También lo hacen porque así no tienen que andar preocupados en parar de hacer cosas por comer. Saben que tienen tres comidas o a veces dos fuertes y simplemente dedican el resto del tiempo a vivir plenamente. Comer no es un problema, pero cuando comen de verdad.

Para que de verdad sientas que tu cuerpo está tomando el camino adecuado es importante que identifiques qué alimentos te sientan bien y qué alimentos no. Si por ejemplo tomar café te pone muy nervioso, y sigues tomándolo con la excusa de que, si no puedes estar despierto, claramente estás limitando. Estás tomando una decisión que te limita. Propongo a todo el mundo que experimente con los alimentos que toma. Que haga experimentos de dejar de tomar ciertos alimentos durante algunas semanas y si van bien seguir tomándolos y si no es así cambiar por otros más saludables. Lo que a mí me puede ir genial a ti puede destrozar, así que por favor experimenta y comprueba que comida te potencia y cuál te limita.

Te recomiendo el siguiente libro de alimentación: *La Solución Paleolítica* de Robb Wolf. No lo tomes como una biblia a la que seguir a pies juntillas, sino como un punto de partida.

En cuanto al entrenamiento propongo como en todo, racionalidad. Es decir, sobrepasar nuestro límite puede ser perjudicial y estresarnos de verdad. Si por ejemplo tienes un trabajo a jornada completa realmente exigente que te agota en todos los aspectos debes investigar sobre qué tipo de entrenamiento te puede favorecer más. Uno que implique mucho tiempo o no. Que quemes mucha grasa o no. Y así.

En cuanto a deporte, casi cualquier cosa vale, andar 3 horas, jugar al tenis o al fútbol, entrenar en el gimnasio o hacer natación. Lo importante es moverte y entrenar de acuerdo a lo que a ti te gusta y te motiva.

HÁBITO 9: POSTURA CORPORAL Y RESPIRACIÓN CORRECTA.

«Debes ser capaz de hacer todos tus movimientos con una cadencia natural si es necesario.»

BRUCE LEE

Si. Créelo. Esa postura que ahora tienes con los hombros echados hacia delante como si la vida te hubiese castigado por tirar cáscaras de pipas al suelo te limita profundamente. Cuando adoptamos un lenguaje corporal apagado, nos apagamos. Así funciona nuestro inconsciente. En principio podemos creer que eso no influye nada en cómo podemos sentirnos, pero la realidad es que determinadas posturas en determinadas situaciones pueden limitar nuestras actuaciones y nuestra forma de comunicar.

Como bien explica la psicóloga Amy Cuddy en una de sus recientes charlas en TED, cambiar nuestra postura de perdedor a una de ganador puede hacernos brillar en situaciones complicadas. En la charla, ella misma relata apoyándose en su propia experiencia y en una laboriosa información obtenida con años de investigación que adoptar una postura de poder puede influir de manera notable en tu desarrollo posterior de cualquier actividad.

Es importante mantener un buen tono corporal porque mandamos mensajes positivos a nuestro cerebro de que estamos preparados pese a los nervios. No es lo mismo afrontar una entrevista de trabajo con los hombros caídos, las manos inquietas y la cara más aplatanada que la de una cabra.

Es importante aquí el actuar hasta serlo. Pero sin exagerar, simplemente adoptando la posición de poder más acorde a tus características personales.

¿Cómo puedo adoptar una postura de poder? Es muy sencillo, además el cuerpo tarda relativamente poco en acostumbrarse. Lo malo, que vas a tener que ser constante por lo menos durante tres semanas. La manera más sencilla es echar los hombros hacia arriba, intentando tocar tus orejas. Una vez ahí, desplázalos hacia atrás y una vez atrás bájalos hacia abajo juntando los omóplatos. Para mi este ejercicio es algo artificial y complicado de mantener durante mucho tiempo asi que te voy a proponer algo más sencillo.

Trata de tocar codo con codo. Es decir, al estar erguida o erguido intenta que tus codos se toquen por detrás de tu espalda. Esto como podrás comprobar es imposible, pero es una gran manera de darte cuenta de cómo está tu postura. Si tus codos están muy separados en tu posición de parado el uno del otro, seguramente tengas los hombros echados hacia adelante. Es fácil acercar los codos. Eso sí, mantén relajados los hombros. Respira profundo o no por el abdomen, pero procura respirar hinchándolo y deshinchándolo. Mantén la postura de los codos al comer y al estar sentado, es importante que la mantengas en todos los momentos posibles.

Repito que cambiar la postura va en función de tus características. Puede que no necesites más que pequeños retoques o bien que necesites hacer un trabajo a fondo. Sea como sea, se puede.

Apuntarte a clases de teatro donde presten especial atención a la improvisación y al desarrollo de la expresividad corporal puede ahorrarte mucho tiempo. Es un consejo. Además, si eres timido o timida, no veo otro sitio mejor que un teatro, con personas desconocidas, para soltarte y aprender a ser tu mismo potenciando tus habilidades corporales al tope de sus posibilidades.

Hacer ejercicios de rotación de hombros, practicar yoga y ejercitarte haciendo flexiones y dominadas también contribuyen de manera eficaz a dotar a tu postura de un toque natural. De hecho, es realmente la meta. Queremos tener una postura firme, natural y que nos genere buen estado de ánimo.

La respiración es realmente lo más importante para hacer todo lo demás. Es el último elemento de este libro, y eso no es una casualidad. Debes empezar a explorar tu respiración y a usarla en tu favor. Respirar es un proceso por el cual entra oxígeno en nuestro cuerpo y por el que sale dióxido de carbono del mismo.

La respiración lleva con nosotros desde que nacemos, nos permite estar con vida y lo mejor es que no hace falta estar pendiente de ella. Pero actualmente, por situaciones traumáticas o por simples vicios, nuestra respiración se puede volver en nuestra contra. Podemos empezar a respirar por el pecho debido a situaciones que nos generan ansiedad e incluso podemos sufrir taquicardias o infartos si nos dejamos secuestrar por la mente. Si dejamos que la mente tome los mandos de nuestra respiración de manera automática y sin control atencional por nuestra parte, podemos llegar a situaciones realmente difíciles.

Respirar, hay que respirar desde el abdomen. Esto no es negociable. Si estás ahora mismo respirando y notas que el abdomen no se hincha y deshincha, te propongo que lleves el aire que respiras hacia allí y que lo expulses al exterior desde ahí. Y esto sí que es innegociable. Deberían enseñarnos a manejar la respiración en el colegio. Lamentablemente prefieren enseñarnos a diferenciar un verbo transitivo de un intransitivo.

También esta respiración es conocida como diafragmática y es la que utilizan la mayoría de los actores y grandes oradores del mundo. Es el sitio donde se apoyan para poder hablar fluidamente durante largos periodos sin apenas notar gasto energético en ello. Y es que otra de las razones por las que es innegociable respirar por el abdomen es la ganancia de energía que obtenemos con ello.

En un estudio llevado a cabo en la Universidad de Barcelona; se comprobó los beneficios que obtuvieron

personas que se dedicaban al canto de respirar o no por el abdomen.
http://diposit.ub.edu/dspace/bitstream/2445/11533/1/respir acion_canto.pdf

¿No te ha pasado que después de un largo periodo hablando con gente o a un público te sientes agotado? Si no te ha pasado perfecto. Seguramente respires adecuadamente. SI te ha pasado es muy normal. Tus emociones te llevaron en algún momento a respirar por el pecho y ahí se quedó la respiración mientras tu ibas notando que te faltaba el aire cada vez que querías decir algo.

Por último y no más importante, relaja el abdomen. Debido al estrés continuado y a situaciones dolorosas el estómago se endurece, se pone tenso. Es muy normal que la mayor parte del tiempo notes tensión en la tripa. Esto es una manera de protegernos. El cuerpo piensa que así nos protege del peligro externo. Lo que pasa es que esto solo nos limita. Ya que hace que el aire que respiramos sea insuficiente y por lo tanto no podamos respirar como de verdad podemos hacerlo.

PARA CUANDO LLEGUEN LAS DUDAS

«Es débil porque no ha dudado bastante y ha querido llegar a conclusiones.»

MIGUEL DE UNAMUNO

Como has podido comprobar a lo largo del libro, se trata de una obra eminentemente práctica. Es necesario que a medida que vayas leyendo los capítulos practiques todo lo que aquí aparece. Todas las ideas de esta obra están basadas en estudios científicos, refutadas teorías psicológicas y análisis de perfiles de cientos de personas felices. Para no sobrecargar la lectura innecesariamente he decidido no nombrar a todos, porque la intención es hacer un libro lo más sencillo y práctico posible. Habrás comprobado que menciono algunos, pero la verdad es que esta obra es un poco obra de muchos autores.

También habrás comprobado que hay capítulos más cortos y otros más largos. Pero no lo tomes como algo relevante. La importancia a los capítulos se la debes dar tu desde tu propia vivencia. Quizás para ti sea importante socializarte. Para mí lo fue respirar y recolocar mi postura.

Supongo que tendrás miedo, es normal. Cuando sucedan esas ocasiones las dudas vendrán. Pero creo que ya sabes cómo se van. Actuando. Da igual como actúes, pero actúa. Sólo así puedes comprobar que los miedos no son tan terroríficos como crees que son.

Me gustaría recomendarte algo. Quiero que compres una agenda pequeña, de un tamaño que puedas portar en un abrigo o un pantalón. Será tu diario. Pero no un diario cualquiera. No vas a apuntar lo que te ha pasado en el día. Vas a apuntar, sobre todo cuando te encuentres en momentos de plenitud, aquello en lo que te quieres convertir. Es decir, imagina que has tenido una sesión increíble de Body Pump. Tienes las hormonas por las nubes y sientes que te vas a comer el mundo. Aprovecha justo ese instante, y caza esas ideas que sobrevuelan tu mente cuando te encuentres así.

Será importante tener esta libreta a mano porque poco a poco la irás llenando de objetivos vitales que de verdad te ilusionan. Va a permitir guiarte cuando haya dudas. Guíate por estos objetivos y acuérdate de escribirlos solo cuando te encuentres en un buen estado emocional. No tengas miedo a poner cosas que parecen imposibles. De hecho, es obligatorio. En esta agenda solo deberás apuntar cosas que te ilusionan hasta el punto de hacerte temblar y sudar de nervios. Así crecerás de verdad. ¿Y sabes lo peor? que ya no habrá vuelta atrás.